Eric Carle

Die kleine Raupe Nimmersatt

Mein Liederbuch

GERSTENBERG

In einem kleinen Apfel

In jedem Stübchen wohnen
zwei Kernchen schwarz und fein.
Die liegen da und träumen
vom lieben Sonnenschein.

Schmetterling, du kleines Ding

Summ, summ, summ

Summ, summ, summ, Bienchen, summ herum.
Such in Blüten, such in Blümchen
dir ein Tröpfchen, dir ein Krümchen.
Summ, summ, summ, Bienchen, summ herum.

Alle Vögel sind schon da

Wie sie alle lustig sind,
flink und froh sich regen.
Amsel, Drossel, Fink und Star
und die ganze Vogelschar
wünschen uns ein frohes Jahr,
lauter Heil und Segen.

Miau, miau

Aus WEIT ÜBERS LAND

Musik: aus Frankreich (Kanon)

Text: Lieselotte Holzmeister (Deutscher Text) © Fidula-Verlag

5

Hopp, hopp, hopp

Brr, brr, he, steh doch, Pferdchen, steh!
Sollst schon heut noch weiterspringen,
muss dir nur erst Futter bringen.
Brr, brr, he, steh doch, Pferdchen, steh!

Hejo, spann den Wagen an

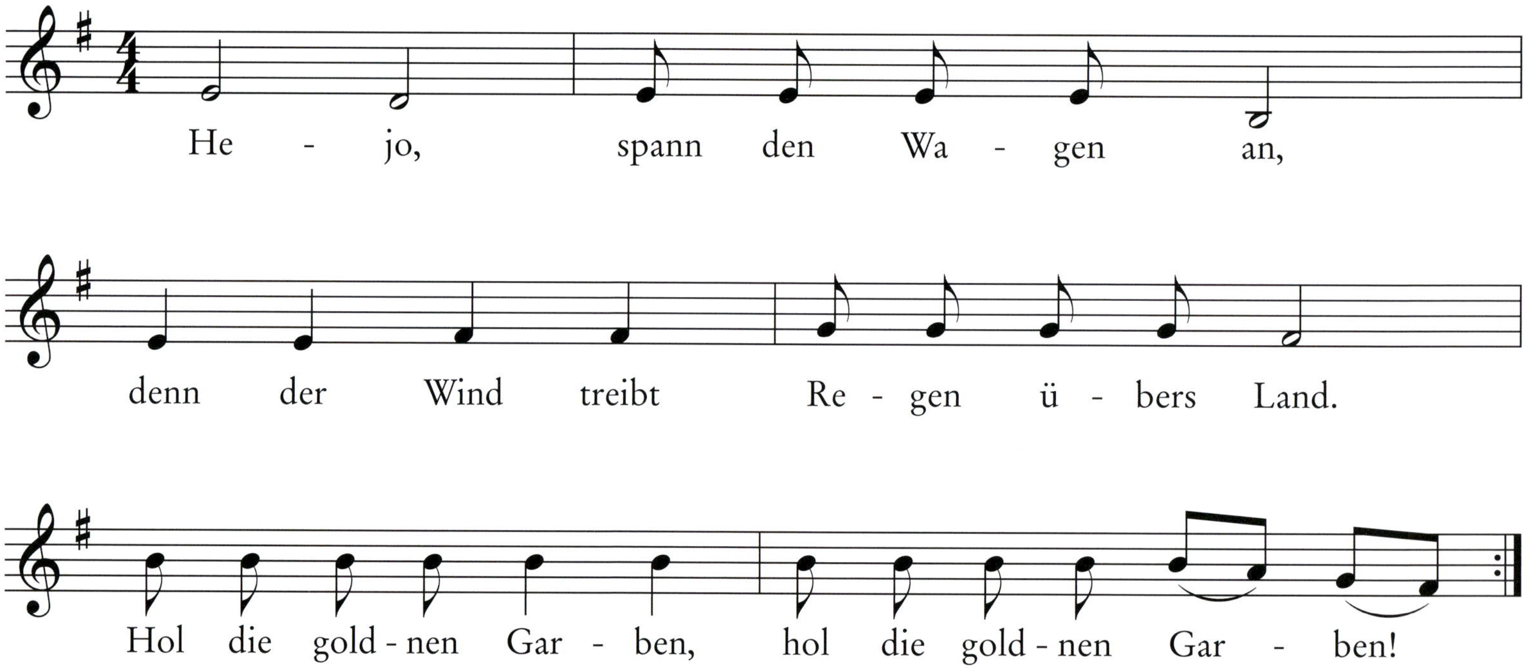

Auf unsrer Wiese gehet was

Alle meine Entchen

Alle meine Gänschen watscheln durch den Grund,
watscheln durch den Grund.
Suchen in dem Tümpel, werden kugelrund.

Trarira

Trarira, der Sommer, der ist da!
Wir wollen in die Hecken
und woll'n den Sommer wecken.
Ja, ja, ja, der Sommer, der ist da!

Es regnet

Es regnet, es regnet, was kümmert uns das!
Wir sitzen im Trocknen und werden nicht nass!

Es klappert die Mühle

Grün, grün, grün

Bunt, bunt, bunt sind alle meine Kleider.
Bunt, bunt, bunt ist alles, was ich hab.
Darum lieb ich alles, was so bunt ist,
weil mein Schatz ein Maler ist.

Backe, backe Kuchen

Wir kommen all

Wenn ich ein Vöglein wär'

Bruder Jakob

Ich geh mit meiner Laterne

Ich geh mit meiner Laterne
und meine Laterne mit mir.
Dort oben leuchten die Sterne,
hier unten leuchten wir.

Mit Lichtern hell
sind wir zur Stell,
rabimmel, rabammel, rabumm.

Schneeflöckchen, Weißröckchen

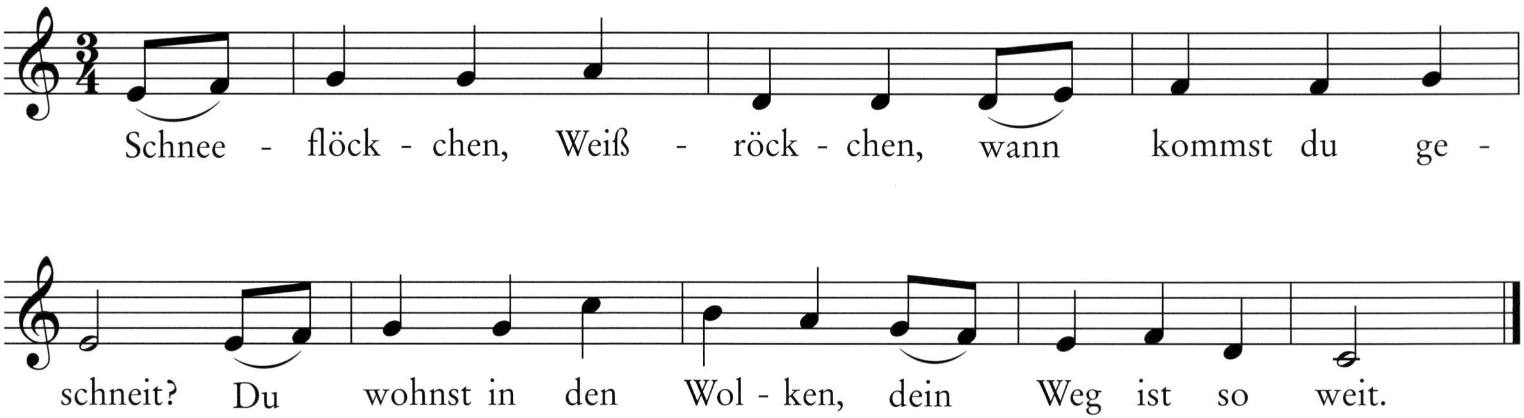

Komm, setz dich ans Fenster,
du lieblicher Stern.

Malst Blumen und Blätter,
wir haben dich gern.

Ihr Kinderlein kommet

Weißt du, wie viel Sternlein

Schlaf, Kindlein, schlaf

Der Mond ist aufgegangen

Seht ihr den Mond dort stehen?
Er ist nur halb zu sehen
und ist doch rund und schön.

So sind wohl manche Sachen,
die wir getrost belachen,
weil unsre Augen sie nicht sehn.

Inhalt

1 In einem kleinen Apfel
Melodie: nach Wolfgang Amadeus Mozart • Text: Volksweise

2 Schmetterling, du kleines Ding
Melodie und Text: unbekannter Verfasser

3 Summ, summ, summ
Melodie: Volksweise • Text: August Heinrich Hoffmann von Fallersleben

4 Alle Vögel sind schon da
Melodie: Volksweise • Text: August Heinrich Hoffmann von Fallersleben

5 Miau, miau
Melodie: Volksweise • Text: Lieselotte Holzmeister © Fidula-Verlag

6 Hopp, hopp, hopp
Melodie: Carl Gottlieb Hering • Text: Carl Hahn

7 Hejo, spann den Wagen an
Melodie: Thomas Ravencroft • Text: Volksweise

8 Auf unsrer Wiese gehet was
Melodie: Volksweise • Text: August Heinrich Hoffmann von Fallersleben

9 Alle meine Entchen
Melodie: Volksweise • Text: Vers 1 Ernst Anschütz, Vers 2 unbekannter Verfasser

10 Es klappert die Mühle am rauschenden Bach
Melodie: Volksweise • Text: Ernst Anschütz

11 Trarira, der Sommer, der ist da
Melodie und Text: Volksweise

12 Es regnet
Melodie und Text: unbekannter Verfasser

13 Grün, grün, grün
Melodie und Text: Volksweise

14 Backe, backe Kuchen
Melodie und Text: Volksweise

15 Wir kommen all
Melodie und Text: Moritz Hauptmann

16 Wenn ich ein Vöglein wär'
Melodie: Johann Friedrich Reichardt • Text: bei Johann Gottfried Herder

17 Bruder Jakob
Melodie: Volksweise

18 Ich geh mit meiner Laterne
Melodie und Text: Volksweise

19 Schneeflöckchen, Weißröckchen
Melodie: unbekannter Verfasser • Text: nach Hedwig Haberkern

20 Ihr Kinderlein kommet
Melodie: Johann Abraham Peter Schulz • Text: Christoph von Schmid

21 Weißt du, wie viel Sternlein stehen?
Melodie: Volksweise • Text: Wilhelm Hey

22 Schlaf, Kindlein, schlaf
Melodie: nach einer Volksweise von Johann Friedrich Reichardt • Text: aus der Sammlung »Des Knaben Wunderhorn«

23 Der Mond ist aufgegangen
Melodie: Johann Abraham Peter Schulz • Text: Matthias Claudius

Mehr über Eric Carle und die kleine Raupe Nimmersatt im Buchhandel oder unter www.die-kleine-raupe-nimmersatt.de

1. Auflage 2023

Musikalische Fachbetreuung und Notensatz © Dipl.-Mus.-Päd. Kristina Filthaut
Dieses Buch erschien erstmals als Pappausgabe 2021 im Gerstenberg Verlag, Hildesheim.

Druck und Bindung: TBB a. s., Banská Bystrica
Printed in the Slovak Republic
ISBN 978-3-8369-6206-3

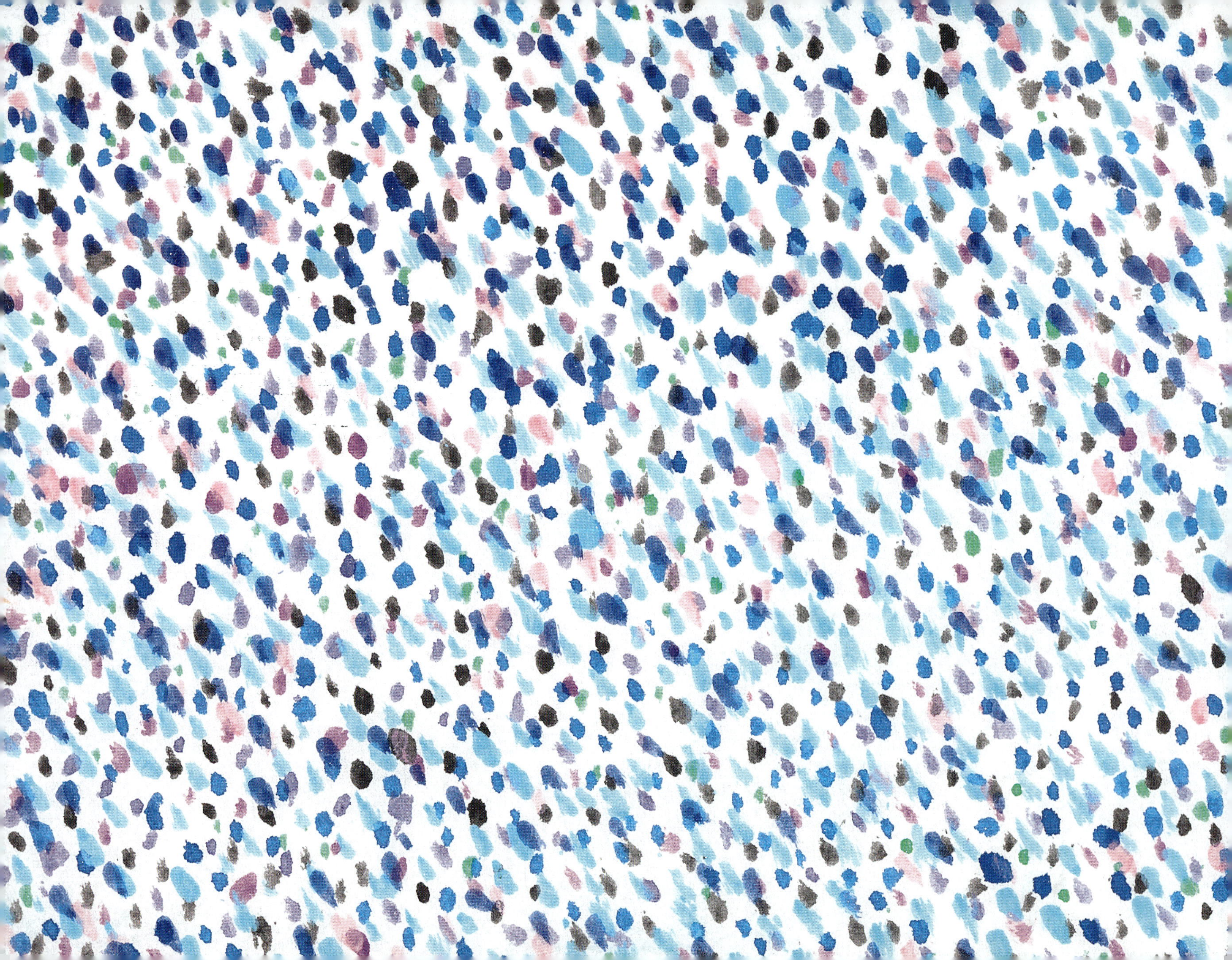